Jean Christophe Thiery

Les fondements biblique de la Prière à Marie

Jean Christophe Thiery

Les fondements biblique de la Prière à Marie

Éditions Croix du Salut

Imprint

Cover image: www.ingimage.com

Publisher:
Éditions Croix du Salut
is a trademark of
International Book Market Service Ltd., member of OmniScriptum Publishing Group
17 Meldrum Street, Beau Bassin 71504, Mauritius
Printed at: see last page
ISBN: 978-613-7-37365-1

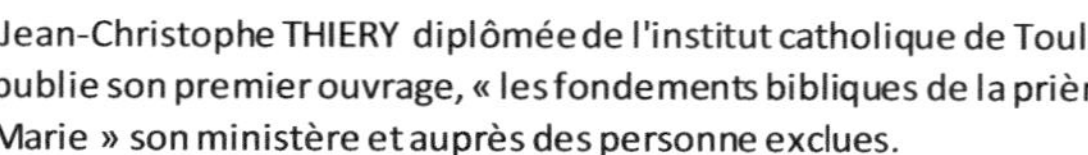

Jean-Christophe THIERY diplômée de l'institut catholique de Toulouse il publie son premier ouvrage, « les fondements bibliques de la prière à Marie » son ministère et auprès des personne exclues.

Il nous propose dans cet ouvrage une lecture des textes biblique et des Pères de l'Eglise en nous redonnant les fondements scripturaires pour une prière à Marie.

Elle est la mère de Jésus, la nouvelle Eve pour les Père de l'Eglise et pour certains chrétiens la Nouvelle Arche d'Alliance. Pour beaucoup de nos contemporains c'est la Maman du Ciel qui est apparue en divers endroits du Monde et nous invite à la convention.

Oui en relisant la Bible nous découvrons que Marie était bien Annoncée et dans le Projet de Dieu.

Les fondements bibliques de la prière à Marie

Jean Christophe THIERY

Eglise Apostolique et Œcuménique Gallicane

Préface

Le fondement biblique de la prière à Marie

La Bienheureuse Vierge Marie est la mère de Jésus-Christ. Contrairement aux revendications de certains, la tradition de l'Église n'enseigne pas et n'a jamais enseigné que Marie est épouse de Dieu ou plus particulièrement Déesse. Ce serait une hérésie. Marie n'est pas simplement qu'une créature humaine mais la plus grande de tous les êtres humains créés par Dieu. C'est le cadeau de Dieu à l'Humanité. Nous allons consulter les preuves bibliques de l'enseignement des Pères de l'Eglise sur Marie, et pourquoi il est si nécessaire de comprendre son rôle et son importance, dans le plan de Dieu.

Pour comprendre ce que la Bible enseigne sur Marie (la mère de Jésus-Christ), il faut comprendre les types bibliques.

C'est-à-dire qu'est-ce un Type = C'est un événement réel, une personne, une institution, dans l'Ancien Testament, préfigurant un autre événement réel, une autre personne, une institution, appartenant au Nouveau Testament.

La tradition biblique enseigne qu'Adam, le premier homme, c'est à dire l'être du fondement de l'Humanité, celui qui est né de la terre comme le signale si bien la traduction de la bible de chouraqui en le nommant le"glebleu" celui qui est né de la glaise, l'ADAMA, il fut donc un type de Jésus-Christ.

Jésus-Christ était vrai Dieu et vrai homme. Adam n'était seulement qu'un homme, le premier homme. Cependant, la Bible dit qu'Adam fut un type de celui qui devait venir : Jésus-Christ.

Rom. 5:14 - « Pourtant la mort a régné depuis Adam jusqu'à Moïse, même sur ceux qui n'avaient pas péché par une transgression semblable à celle d'Adam, qui est l'image [le type] de celui qui devait venir [Jésus]. »

De quelle façon Adam fut-il un « type » de Jésus ? C'est peut-être mieux résumé dans ce passage :

Rom. 5:19 - « En effet, tout comme par la désobéissance d'un seul homme beaucoup ont été rendus pécheurs, beaucoup seront rendus justes par l'obéissance d'un seul. »

Adam plongea le monde dans le péché ; le Christ vint racheter le monde du péché d'Adam. Adam pécha par sa désobéissance devant l'arbre de la connaissance du bien et du mal ; le Christ racheta le monde par Son obéissance et Son sacrifice sur l'arbre de la croix. Voilà pourquoi la Bible dit que le Christ est le nouveau, le second ou le dernier

Adam. Il est venu défaire ce qu'a fait Adam, et est devenu la tête de la race nouvelle et rachetée de ceux qui vivent surnaturellement dans le Christ ; tandis qu'Adam, le premier homme, fut la tête de l'humanité qui tomba dans le péché.

Saint Paul enseigne que Jésus Christ est le second Adam :

1 Cor. 15:45 – « C'est pourquoi il est écrit : Le premier homme, Adam, devint un être vivant. Le dernier Adam est un esprit qui communique la vie. »

L'Arche de Noé et le Déluge préfiguraient le salut par le Baptême et l'Église.

Il y a plusieurs types bibliques. Gardez à l'esprit que tous ces événements, personnes et choses, furent donner en exemple afin que les croyant puissent avoir ces modèles en mémoire. Ils préfiguraient aussi quelque chose qui viendrait plus tard. Voici quelques exemples :

1 Cor. 10:1-2 - A travers la lecture des écritures nous découvrons que la traversée de la Mer Rouge (Exode 14) préfigurait le Baptême.

1 Pierre 3:19-21 – A travers la lecture des écritures nous découvrons que l'Arche de Noé et le Déluge préfiguraient le salut par le baptême et l'Église.

1 Cor. 5:7 - A travers la lecture des écritures nous découvrons que l'agneau pascal qui fut sacrifié (Exode 12), préfigurait le Christ, l'Agneau de Dieu « qui enlève le péché du monde » (Jean 1:29).

Héb. 8:8-10 - A travers la lecture des écritures nous découvrons que le système de l'Ancienne Alliance était une figure de la Nouvelle Alliance.

Mat. 12:40 - A travers la lecture des écritures nous découvrons que les trois jours et trois nuits que passa Jonas dans le ventre de la baleine préfiguraient la Résurrection de Jésus Christ d'entre les morts, après trois jours.

On pourrait donner d'autres exemples de types bibliques, mais ce qui est important est de comprendre que l'accomplissement d'un type est plus grand que celui-ci et l'accomplissement réelle du Plan Divin pour les Hommes. Jésus-Christ est infiniment plus grand qu'Adam ; le Nouveau Testament est plus grand que l'Ancien Testament ; la Résurrection est plus grande que les déboires de Jonas, etc. Avec cela en tête, considérons certains « types » de Marie, la mère de Jésus-Christ : Il y a plusieurs types de préfiguration de Marie. En plus des preuves bibliques, ces types fournissent une preuve biblique indéniable de l'enseignement sur Marie. Les informations suivantes seront certainement nouvelles ou un rappel pour certains d'entre nous.

TOUT COMME LE CHRIST EST LE NOUVEL ADAM, MARIE EST LA NOUVELLE ÈVE

Comme déjà mentionné, Adam, le premier homme, était un type de Jésus-Christ. Mais, avec lui, se trouvait une femme tout autant impliquée dans la chute du monde dans le péché. C'était Ève, la première femme, ou disons l'entité féminine car Eve veut dire en Hébreux « la vivante », celle qui porte la Vie. Bien que ce soit la transgression d'Adam qui constituât le premier péché, Ève en fut une cause instrumentale, et fut implicitement liée aux éléments y conduisant. La femme (Ève) pécha et fut l'occasion de pécher pour Adam.

Genèse 3:1-6 - « Le serpent était le plus rusé de tous les animaux sauvages que l'Éternel Dieu avait faits. Il dit à la femme : Dieu a-t-il vraiment dit : Vous ne mangerez aucun des fruits des arbres du jardin ? La femme répondit au serpent : Nous mangeons du fruit des arbres du jardin. Cependant, en ce qui concerne le fruit de l'arbre qui est au milieu du jardin, Dieu a dit : Vous n'en mangerez pas et vous n'y toucherez pas, sinon vous mourrez. Le serpent dit alors à la femme :

Vous ne mourrez absolument pas, mais Dieu sait que, le jour où vous en mangerez, vos yeux s'ouvriront et vous serez comme Dieu : vous connaîtrez le bien et le mal. La femme vit que l'arbre était porteur de fruits bons à manger, agréable à regarder et précieux pour ouvrir l'intelligence. Elle prit de son fruit et en mangea. Elle en donna aussi à son mari qui était avec elle et il en mangea. »

Tout comme « la femme » (Ève) fut intimement impliquée dans les événements conduisant au péché originel, une femme se distingua en étant intimement impliquée dans les événements conduisant à la Rédemption. C'est Marie, la mère de Jésus-Christ, la nouvelle Ève.

Dans la Bible, il existe de nombreuses et claires similitudes entre Ève et Marie démontrant que, tout comme le Christ est le Nouveau Adam, Marie est la Nouvelle Ève.

Ève communiqua avec le serpent (un ange déchu), lui fit confiance et lui obéit — Marie communiqua avec un ange bon (Gabriel), lui fit confiance et lui obéit.

Genèse 3:4-6 - « Le serpent dit alors à la femme : Vous ne mourrez absolument pas... Elle [Ève] prit de son fruit et en mangea. »

Luc 1:26-38 - « ... l'ange Gabriel fut envoyé par Dieu dans une ville de Galilée... chez une vierge... Le nom de la vierge était Marie. L'ange entra chez elle et dit : Je te salue, toi à qui une grâce a été faite, le Seigneur est avec toi. Tu es bénie parmi les femmes. Troublée par cette parole, Marie se demandait ce que pouvait signifier une telle salutation. L'ange lui dit : N'aie pas peur, Marie, car tu as trouvé grâce auprès de Dieu. Voici que tu seras enceinte. Tu mettras au monde un fils et tu lui donneras le nom de Jésus... Marie dit : Je suis la servante du Seigneur. Que ta parole s'accomplisse pour moi ! Et l'ange la quitta. »

Ève fut approchée par le serpent (le Diable), un ange déchu. Ève crut à ses paroles mensongères et désobéit à Dieu. Ève pécha et entraîna son mari à faire de même, plongeant de ce fait le monde dans la mort.

Quant à Marie, elle fut approchée par Gabriel, un bon ange. Marie crut à son message de salut : qu'elle était bénie entre toutes les femmes, pleine de grâces, et apporterait le Sauveur. Marie obéit à Dieu. Par cette obéissance, elle consentit à la conception de Jésus-Christ en son ventre, qui put dès lors venir et racheter le monde du péché d'Adam.

Même dans l'Église des premiers temps, ces similitudes bibliques étaient reconnues comme des identifications de Marie en tant que nouvelle Ève, tout comme le Christ est le nouvel Adam. Saint Irénée, un célèbre Père de l'Eglise du 2e siècle, fait le contraste entre la première Ève et la seconde Ève (Marie).

St. Irénée, Contre les hérésies, L. III, ch. 22 ; 185 A.D. - « Parallèlement au Seigneur, on trouve aussi la Vierge Marie obéissante, lorsqu'elle dit "Voici ta servante, Seigneur, qu'il me soit fait selon ta parole." [Luc 1:38] Ève, au contraire, avait été désobéissante elle avait désobéi, alors qu'elle était encore vierge... Ainsi également le nœud de la désobéissance d'Ève a été dénoué par l'obéissance de Marie, car ce que la vierge Ève avait lié par son incrédulité, la Vierge Marie l'a délié par sa foi. » [1]

Ève était la mère de tous les vivants — Marie, en tant que Mère de Jésus, est aussi la Mère de tous les vivants, et pour ma part, même la mère de la vie.

Genèse 3:20- « Adam appela sa femme Ève, car elle devait être la mère de tous les vivants. »

Ève était appelée la « mère de tous les vivants » parce que tous ceux qui ont eu la vie descendent d'elle. Marie est elle aussi la « mère de tous les vivants, » mais d'une manière encore plus grande. Marie est la mère de Jésus-Christ, lequel est la Vie elle-même, et en qui se trouve toute vie.

Jean 1:4 - « En elle il y avait la vie [Jésus], et cette vie était la lumière des êtres humains. »

Mat. 1:16 - « ... Marie, de laquelle est né Jésus... »

Jean 14:6 - « Jésus lui dit : C'est moi qui suis le chemin, la vérité et la vie. On ne vient au Père qu'en passant par moi. »

Jésus est la Vie. Par conséquent, Marie est littéralement la mère de la Vie elle-même. Le parallèle est clair avec Ève, mère de tous les vivants. La différence est que Marie est mère d'une Vie infiniment supérieure à l'existence humaine. Ceux qui vivent et meurent dans son Fils ont accès à la vie éternelle en Lui et deviennent des créatures nouvelles.

2 Cor. 5:17 - « Si quelqu'un est en Christ, il est une nouvelle créature... »

L'accomplissement (Marie, mère de tous les vivants) est ici encore supérieur au type (Ève, mère de tous les vivants).

Selon moi, Ève a été créée sans aucun péché — La nouvelle Ève, Marie, devait-elle aussi être créée sans aucun péché d'où son Nom qu'elle révélera à sainte Bernadette lors d'une des Apparitions à Lourde (Je suis l'Immaculée Conception).

Nous venons de voir les références bibliques démontrant que Marie est la nouvelle Ève. Donc la question est : « Quand l'âme d'Ève fut créée, quelle était son état ? » En Genèse 2, nous lisons à travers les lignes qu'Ève fut créée sans aucun péché. (C'est à dire issue d'une cote d'Adan, elle est créature nouvelle, et, sans péché, elle est intégrée à la Création toute entière, qui était parfaite jusqu'à la chute de l'humanité.) Adam et Ève furent tous deux créés dans un état de justice et perfection originelle, dans lequel ils étaient libres de tout péché, jusqu'au premier péché dans Genèse 3.

Si Dieu a créé la première femme (première Ève) sans aucun péché, c'est certain qu'Il pouvait créer la seconde (et plus grande) Ève (la Bienheureuse Vierge Marie) sans aucun péché. C'est exactement ce qu'Il fit ; Il devait le faire pour des questions de proportion et de justice puisqu'elle était le premier membre de l'humanité rachetée.

Reprenons la Définition de l'Immaculée Conception

Le pape Pie IX déclara le dogme de l'Immaculée Conception le 8 décembre, 1854

Pape Pie IX, Ineffabilis Deus ; 8 déc. 1854 : « ... Nous déclarons, prononçons et définissons que la doctrine qui tient que la bienheureuse Vierge Marie a été, au premier instant de sa conception, par une grâce et une faveur singulière du Dieu tout-puissant, en vue des mérites de Jésus-Christ, Sauveur du genre humain, préservée intacte de toute souillure du péché originel, est une doctrine révélée de Dieu, et qu'ainsi elle doit être crue fermement et constamment par tous les fidèles. » [2]

Certains pensent à tort que l'Immaculée Conception se rapporte à la conception miraculeuse de Jésus dans le ventre de la Vierge Marie. Ce n'est pas correct. Pour moi Jésus fut effectivement conçu sans aucun péché dans le ventre de Marie, mais l'Immaculée Conception se rapporte à la conception de Marie dans le ventre de sa mère. Dès le tout premier instant de sa création, celle-ci fut préservée de la tâche du premier péché, qui selon moi ont hérité tous les autres membres de la race humaine (excepté Jésus).

Dieu la préserva pure de tout péché en raison des mérites salutaires de Jésus-Christ. Ceci a été fait pour Marie parce qu'elle devait être le vaisseau pur et béni qui porterait le Fils de Dieu. Afin de porter la sainteté infinie, Marie devait être sainte dès le premier instant de sa création.

Jésus a sauvé Marie d'une plus grande manière

Donc, si Marie fut préservée de la souillure du péché originel, est-ce que cela signifie qu'elle n'a pas eu de Sauveur ? Non. Marie y répond d'elle-même :

Luc 1:46-47 - « Marie dit : Mon âme célèbre la grandeur du Seigneur et mon esprit se réjouit en Dieu, mon Sauveur. »

Dieu a sauvé Marie en l'empêchant de contracter le péché originel. Supposez qu'un homme tombe dans un trou profond dans la forêt, mais qu'il en soit sorti par son ami. Il est alors vrai de dire que son ami l'a sauvé. Supposez maintenant qu'un homme aperçoive une femme se dirigeant vers ce trou profond, et qu'il la rattrape juste avant qu'elle n'y tombe — empêchant ainsi qu'elle s'y salisse où s'y blesse. A-t-il sauvé cette femme ? Bien sûr que oui. Il l'a sauvée d'une façon encore plus grande, en l'empêchant de tomber dans le trou et d'avoir à en subir les conséquences néfastes.

Voilà comment Dieu sauva Marie. Jésus était son Sauveur d'une manière encore plus grande, en veillant à ce qu'elle ne contracte jamais le péché originel, et en la préservant du péché durant sa vie. Il le fit pour Marie, en vue de son rôle unique. L'absence de péché de Marie est indiquée par de nombreux types dans la Bible.

Certains expriment de l'incrédulité quant à l'idée que Dieu puisse créer quelqu'un complètement libre de péché. Ils oublient que Dieu a créé sans péché le premier homme et la première femme.

LA BIBLE ENSEIGNE QUE MARIE EST L'ARCHE DE LA NOUVELLE ALLIANCE

Il y a L'Arche de l'Ancien Testament qui contient la Loi c'est-à-dire la Thora - et Marie, Arche du Nouveau Testament qui va porter pendant 9 mois le verbe de Dieu fait chair qui est le sauveur de la race Humaine.

Nous allons voir comment la Bible identifie sans nul doute Marie comme l'Arche de la Nouvelle Alliance. Elle l'identifie comme la contrepartie néo-testamentaire de l'Arche de l'Ancien Testament. Cette information est des plus importantes et révélatrices sur le rôle considérable de Marie.

Puisqu'elle transportait et représentait la présence de Dieu, l'Arche de l'Ancienne Alliance/Testament était la chose la plus sainte et la plus puissante sur Terre en dehors de Dieu Lui-même. L'Arche d'Alliance était une châsse sacrée contenant les tables de pierre des Dix Commandements (Deu. 10:5). L'Arche transportait et représentait également la présence spirituelle de Dieu sur Terre. Quand Dieu parlait à Moïse, c'était entre deux chérubins placés sur l'Arche.

Nomb. 7:89 - « Lorsque Moïse entrait dans la tente de la rencontre pour parler avec l'Éternel, il entendait la voix lui parler du haut du couvercle placé sur l'arche du témoignage, entre les deux chérubins. Et il parlait avec l'Éternel. »

Exode 25:21-22 - « Tu mettras le propitiatoire sur le coffre et tu mettras dans cette arche le témoignage que je te donnerai. C'est là que je te rencontrerai ; du haut du propitiatoire, entre les deux chérubins placés sur l'arche du témoignage, je te donnerai tous mes ordres pour les Israélites. »

Voyons maintenant comment la Bible identifie Marie à l'Arche de la Nouvelle Alliance.

L'Arche de l'Ancienne Alliance

Contenait la parole écrite de Dieu, les tables (Deu. 10:5)

La Vierge Marie

Contenait la Parole de Dieu faite chair, Jésus (Jean 1:1)

Jésus-Christ est la Parole de Dieu faite chair (Jean 1:1). Donc, tout comme l'Arche de l'Ancienne Alliance contenait la parole écrite de Dieu, Marie (qui est l'Arche de la Nouvelle Alliance) contenait la Parole de Dieu faite chair.

Apo. 19 :13 – « Il [Jésus] était habillé d'un vêtement trempé de sang. Son nom est "la Parole de Dieu." »

L'Arche de l'Ancienne Alliance

Couverte d'une nuée de gloire et de la présence de l'Éternel (Exo. 40:34-35)

La Vierge Marie

La puissance du Très-Haut la « couvrira de son ombre » (Luc 1:35)

Le Tabernacle fut construit pour contenir la sainte Arche (Exode 40:2-3). Quand Dieu descendait sur le tabernacle et l'Arche pour parler à Moïse, nous lisons dans Exode 40:34-35 que la nuée de gloire et la présence de Dieu (appelée la « Shekinah ») la couvrait. Dans la traduction grecque de l'Ancien Testament, le mot rare utilisé pour décrire comment cette présence unique de Dieu couvrait l'Arche est *episkiasei.*

Exode 40:34-35 - « Alors la nuée couvrit la tente de la rencontre et la gloire de l'Éternel remplit le tabernacle. Moïse ne pouvait pas entrer dans la tente de la rencontre parce que la nuée restait dessus et que la gloire de l'Éternel remplissait le tabernacle. »

Le même mot *episkiasei* est utilisé dans le texte grec du Nouveau Testament pour décrire comment la présence de Dieu couvrait de son ombre la Vierge Marie. La Bible n'utilise ce langage que pour l'Arche et Marie.

Luc 1:35 - « L'ange lui répondit : Le Saint-Esprit viendra sur toi et la puissance du Très-Haut te couvrira de son ombre. C'est pourquoi le saint enfant qui naîtra de toi sera appelé Fils de Dieu. »

Il en ressort clairement que la présence de Dieu couvre de son ombre Marie et descend sur elle — car elle est la nouvelle Arche — tout comme la présence de Dieu couvrait de son ombre l'Arche de l'Ancienne Alliance. Ceci révèle que Marie, bien que simple créature et infiniment moindre que Dieu, est la Nouvelle Arche. Elle a, par conséquent, un lien unique avec Dieu, une sainteté, une sanctification et une puissance uniques.

La preuve étonnante que Marie est l'Arche de la Nouvelle Alliance dans 2 Samuel chapitre 6 et Luc chapitre 1

Considérez les parallèles étonnants que l'Écriture nous donne entre ce qui est arrivé à l'Arche de l'Ancienne Alliance dans 2 Samuel 6 (ou 2 Rois 6) et ce qui est arrivé à la Bienheureuse Vierge Marie, l'Arche de la Nouvelle Alliance, dans le chapitre 1 de l'Évangile de Luc. Dans la Bible, 2 Samuel 6 est l’histoire la plus complète concernant l’Arche de l’Ancienne Alliance. Dans la Bible, Luc 1 est l’histoire la plus complète concernant la bienheureuse Vierge Marie.

L'Arche de l'Ancienne Alliance

2 Samuel 6:9 - « David eut peur de l'Éternel, ce jour-là, et il se dit : Comment l'arche de l'Éternel pourrait-elle entrer chez moi ? »

La Vierge Marie

Luc 1:43 - « [Élisabeth dit :] Comment m'est-il accordé que la mère de mon Seigneur vienne vers moi ? »

David dit « Comment l'arche de l'Éternel pourrait-elle entrer chez moi ?, » tandis qu’Élizabeth se demande : « Comment m'est-il accordé que la mère de mon Seigneur vienne vers moi ? » Élizabeth dit la même chose sur Marie que ce que David disait sur l’Arche, car Marie est l’Arche de la Nouvelle Alliance. La seule différence entre ces deux déclarations est littéralement que « mère » est utilisé là où « Arche » fut utilisé. Les Pères de l’Eglise à travers la lecture des écritures nous disent que la mère du Seigneur = l’Arche. Ce point va être confirmé toujours plus au fur et à mesure de notre étude.

David devant l'Arche - Élisabeth devant Marie

David sauta devant l'arche

L'enfant tressaillit en présence de Marie

2 Samuel 6:16 - « Mical, fille de Saül, regardait par la fenêtre lorsque l'arche de l'Éternel entra dans la ville de David et, en voyant le roi David sauter et danser devant l'Éternel... »

Luc 1:41, 44 - « Dès qu'Élisabeth entendit la salutation de Marie, son enfant remua brusquement en elle et elle fut remplie du Saint-Esprit ... En effet, dès que j’ai entendu ta salutation, l'enfant a tressailli de joie en moi. »

David sauta devant l'Arche, tout comme l'enfant dans le ventre d'Élisabeth tressaillit devant Marie (la nouvelle Arche).

L'Arche resta pendant trois mois

Marie (l'Arche) resta pendant trois mois

2 Samuel 6:11 - « L'arche de l'Éternel resta 3 mois dans la maison d'Obed-Edom de Gath et l'Éternel le bénit, ainsi que toute sa famille. »

Luc 1:56-57 - « Marie resta environ trois mois avec Élisabeth, puis elle retourna chez elle. Le moment où Élisabeth devait accoucher arriva et elle mit au monde un fils. »

Dans 2 Samuel 6, on lit que l'Arche resta chez Obed-Edom durant trois mois. De même, on lit dans Luc 1 que Marie (l'Arche de la Nouvelle Alliance) resta trois mois chez Élisabeth.

2 Samuel 6:11 mentionne également que le Seigneur bénit Obed-Edom et toute sa famille quand l'Arche était présente. « Bénédiction, » dans l'Écriture, indique souvent une procréation fructueuse. On voit dans ce fait un parallèle à Luc 1 et Marie. Car Luc 1:57 nous dit qu'après que Marie demeura chez Elizabeth, le Seigneur bénit celle-ci ainsi que toute sa famille par la naissance d'un enfant, Jean-Baptiste.

David partit chercher l'Arche en Juda

Marie (l'Arche) se rendit en Juda

2 Samuel 6: 2 - « Puis, avec tout le peuple qui était à ses côtés, il partit de Baalé-Juda pour faire monter de là l'arche de Dieu, à laquelle est associé le nom de l'Éternel, le maître de l'univers, qui siège au-dessus d'elle entre les chérubins. »

Luc 1:39-40 - « A la même époque, Marie s'empressa de se rendre dans une ville de la région montagneuse de Juda. Elle entra dans la maison de Zacharie, et salua Élisabeth. »

Comme nous le lisons ici, ces parallèles étonnants se sont déroulés quand David était parti chercher l'Arche dans la région de Juda, tandis que Marie s'était rendue dans une ville de Juda.

Le Livre de l'Apocalypse indique aussi que Marie est l'Arche de la Nouvelle Alliance.

Apo. 11:19 ; 12-1 - « Alors le temple de Dieu qui est dans le ciel fut ouvert, et l'arche de son alliance apparut dans son temple. Il y eut des éclairs, des voix, des coups de tonnerres, un tremblement de terre et une forte grêle... [12:1] Un grand signe apparut dans le ciel : c'était une femme enveloppée du soleil, la lune sous les pieds et une couronne de douze étoiles sur la tête. »

La Bible n'a pas été écrite avec le découpage en chapitres et versets. Ce n'est qu'au 12e siècle que la Bible fut divisée en chapitres et versets. De ce fait, l'auteur de l'Apocalypse, saint Jean l'Apôtre, a écrit en un flux continu ce qui commence le chapitre 12 et ce qui termine le chapitre 11. À la fin du chapitre 11, on lit que l'arche du testament/alliance de Jésus apparut dans le ciel.

Le verset suivant est Apocalypse 12:1. Par conséquent, les mots qui commencent le chapitre 12 suivent immédiatement les mots qui terminent le chapitre 11, sans aucune division.

Cela signifie que l'apparition de l'Arche de l'Alliance de Jésus à la fin du chapitre 11 — « et l'arche de son alliance apparut dans son temple » (Apo. 11:19) — est immédiatement expliquée par la vision de la « femme » enveloppée du soleil qui commence le chapitre douze, le verset suivant (Apo. 12 :1). Ceci indique que la « femme » enveloppée du soleil, qui a porté la Personne Divine dans son ventre (la Vierge Marie), est l'Arche du Nouveau Testament.

L'Arche contenait la manne du désert.

Marie contenait la manne du ciel, Jésus.

Héb. 9:4 - « ... l'arche de l'alliance, entièrement recouverte d'or. Ce coffre contenait un vase d'or rempli de manne, le bâton d'Aaron qui avait fleuri et les tables de l'alliance. »

Jean 6:48-51 - « Je suis le pain de la vie. Vos ancêtres ont mangé la manne dans le désert et ils sont morts. Voici comment est le pain qui descend du ciel : celui qui en mange ne mourra pas. Je suis le pain vivant descendu du ciel... et le pain que je donnerai, c'est mon corps, que je donnerai pour la vie du monde. »

Il ne fait aucun doute que la manne dans le désert (Exode 16) préfigurait Jésus en tant que Pain de Vie. Jésus fait un lien entre les deux dans Jean chapitre 6, en faisant référence à la manne dans le désert, puis en disant que sa chair est la vraie manne du Ciel. Ce qui est intéressant est que la manne dans le désert était placée à l'intérieur de l'Arche de l'Ancienne Alliance. Ceci préfigure Jésus-Christ Lui-même (la véritable manne du Nouveau Testament) contenu en Marie, la Mère de Jésus.

Dans Hébreux 9:4, on voit aussi que le bâton d'Aaron se trouvait dans l'Arche de l'Ancienne Alliance. Dans Nombres 17, on lit que ce bâton fleurira pour choisir le grand prêtre. Le bâton d'Aaron signifiait donc le grand prêtre. Dans le Nouveau Testament, Jésus est décrit comme le grand prêtre et souverain.

Héb. 3:1-2 - « Ainsi donc, frères et sœurs saints, vous qui avez part à l'appel céleste, portez vos pensées sur l'apôtre et le grand-prêtre de la foi que nous professons, Jésus... »

Voir aussi Hébreux 6:20, Hébreux 9:11, et d'autres passages prouvant que Jésus est le grand prêtre. La conclusion qui s'ensuit inévitablement est que le bâton d'Aron, contenu dans l'Arche, préfigurait Jésus, le vrai grand prêtre et souverain, contenu en Marie.

Il ne fait absolument aucun doute que le Nouveau Testament indique que Marie est l'Arche de la Nouvelle Alliance. Cette preuve est indéniable pour ma part.

Puisque Marie est l'Arche de la Nouvelle Alliance, cela signifie qu'elle est la chose la plus sacrée sur terre en dehors de Jésus-Christ

L'Arche d'Alliance était la chose la plus sainte sur terre en dehors de la présence de Dieu Lui-même. L'Arche était contenue dans le tabernacle, dans le saint des saints. La présence de l'Arche est ce qui rendait ce lieu si sacré.

2 Chro. (2 Paralipomènes, Vulgate) 35:3 - « ... Placez l'arche sainte dans le temple qu'a construit Salomon, fils de David, le roi d'Israël... »

L'Arche était si sainte, que lorsque le peuple de Dieu la suivait, il devait garder une distance respectueuse.

Josué 3:3-5 - « Lorsque vous verrez les prêtres, les Lévites, porter l'arche de l'alliance de l'Éternel, votre Dieu, vous partirez de l'endroit où vous êtes et vous la suivrez. Mais il y aura entre vous et elle une distance d'environ un kilomètre. N'en approchez pas. Elle vous montrera le chemin que vous devez suivre, car vous n'êtes pas encore passés par ce chemin. »

Les gens qui touchaient illicitement l'Arche étaient tués.

2 Samuel 6:6-7 - « ... Uzza tendit la main vers l'arche de Dieu et la retint, parce que les bœufs la faisaient pencher. La colère de l'Éternel s'enflamma contre lui et Dieu le frappa sur place à cause de sa faute. Uzza mourut là, près de l'arche de Dieu. »

Les hommes de Beth-Schémesch furent tués parce qu'ils avaient osé regarder dans l'arche.

1 Samuel 6:19 - « L'Éternel frappa les habitants de Beth-Schémesch, lorsqu'ils regardèrent l'arche de l'Éternel. Il frappa 50 070 hommes parmi le peuple... »

On voit à quel point Dieu considérait comme sacré l'objet qui devait être en contact étroit avec Sa présence spirituelle.

Puisque Marie est la nouvelle Arche, elle devait être sainte et créée sans péché

Dieu donna les spécifications les plus précises pour la construction de l'Arche. Il ordonna qu'elle soit faite de l'or le plus pur.

Exode 25:10-13, (24) - « Ils feront un coffre en bois d'acacia. Sa longueur sera de 125 centimètres, sa largeur et sa hauteur de 75 centimètres. Tu le couvriras d'or pur, à l'intérieur et à l'extérieur, et tu lui feras une bordure d'or tout autour. Tu fondras pour lui 4 anneaux en or et tu les mettras à ses 4 coins, 2 d'un côté et 2 de l'autre. Tu feras des barres en bois d'acacia, que tu couvriras d'or... »

Il est intéressant de noter que l'Arche ne devait pas seulement être couverte d'or tout autour, mais il y a une mention spécifique pour qu'elle ait « une bordure d'or tout autour ».

L'Arche de l'Ancienne Alliance avait une bordure d'or.

La Vierge Marie (Nouvelle Arche) a une couronne.

Exode 25:11 - « ... et tu lui feras une bordure d'or tout autour... »

Apo. 12:1 - « Un grand signe apparut dans le ciel : c'était une femme enveloppée du soleil, la lune sous les pieds et une couronne de douze étoiles sur la tête. »

L'Arche de l'Ancienne Alliance devait être parfaite et sainte car c'était le siège de l'unique présence spirituelle de Dieu. La sainteté de Dieu ne pouvait pas être souillée par le contact de ce qui fait défaut. De même, et d'une façon encore plus grande, la Vierge Marie, en tant que Nouvelle Arche et porteuse de Jésus-Christ, devait être sans péché et dans un état de perfection.

Elle ne contenait pas simplement la présence spirituelle de Dieu, mais Jésus-Christ (Dieu Lui-même). Elle ne contenait pas simplement la parole écrite de Dieu, mais la Parole de Dieu faite chair (Jean 1:1). Conséquemment, Marie doit être parfaite. Elle doit être libre de tout péché. Elle doit être toujours vierge et intacte dans ce raisonnement.

Si l'Arche de l'Ancienne Alliance, qui contenait les tables écrites de la Loi et était couverte par la présence spirituelle de Dieu, devait être couverte d'or pur et construite selon les spécifications les plus précises de Dieu, combien plus grand Dieu a-t-Il construit Marie, l'Arche de la Nouvelle Alliance ? L'accomplissement étant plus grand que le type, Marie, l'Arche de la Nouvelle Alliance, doit être et est plus grande que l'Arche de l'Ancienne Alliance.

Tout comme l'Arche de l'Ancienne Alliance, Marie doit aussi avoir un pouvoir énorme sur le Diable et les ennemis de Dieu. Elle doit avoir une puissance unique d'intercession auprès de Dieu, pour faire descendre Ses bénédictions et aider le peuple de Dieu, tout comme le faisait l'Arche de l'Ancienne Alliance.

Tout comme l'Arche de l'Ancienne Alliance, Marie a un pouvoir unique d'intercession ; elle a une puissance phénoménale sur les ennemis de Dieu, sur le diable, et pour aider le peuple de Dieu.

Comme l'Arche de l'Ancienne Alliance, Marie a un pouvoir unique d'intercession.

L'Arche de l'Ancienne Alliance avait une puissance des plus fracassantes. En effet, quand elle fut prise par les Philistins, des choses extraordinaires leur arrivèrent, à eux et leur faux dieu Dagon.

1 Samuel 5:1-5 - « Les Philistins prirent l'arche de Dieu et la transportèrent d'Eben-Ezer à Asdod. Après s'être emparés de l'arche de Dieu, les Philistins la firent entrer dans le temple de Dagon et la placèrent à côté de Dagon. Le lendemain, les Asdodiens se levèrent de bon matin et trouvèrent Dagon étendu le visage contre terre, devant l'arche de l'Éternel. Ils prirent Dagon et le remirent à sa place. Le surlendemain, ils se levèrent de bon

matin et trouvèrent de nouveau Dagon étendu le visage contre terre devant l'arche de l'Éternel. La tête de Dagon et ses deux mains étaient abattues sur le seuil, et il ne lui restait que le tronc. C'est pourquoi, jusqu'à aujourd'hui, les prêtres de Dagon et tous ceux qui viennent dans le temple de Dagon à Asdod ne marchent pas sur le seuil. »

Après avoir pris l'Arche, de nombreux Philistins moururent, ce qui les incita à retourner l'Arche à leurs ennemis, les Israélites.

1 Samuel 5:7 - « Quand ils virent cela, les habitants d'Asdod dirent : L'arche du Dieu d'Israël ne restera pas chez nous, car il fait peser lourdement sa main sur nous et sur Dagon, notre dieu. »

L'Arche frappait de terreur et de mort les ennemis de Dieu.

1 Samuel 5:10 - « Alors ils envoyèrent l'arche de Dieu à Ekron. Lorsque l'arche de Dieu entra dans Ekron, les Ekroniens poussèrent des cris, en disant : On a transporté l'arche du Dieu d'Israël chez nous pour nous faire mourir, nous et notre peuple ! »

Par miracle, les eaux du Jourdain furent échées par l'Arche.

Josué 3:13-14 - « [L'Éternel dit à Josué]: Dès que les prêtres qui portent l'arche de l'Éternel, le Seigneur de toute la terre, poseront la plante des pieds dans l'eau du Jourdain, l'eau du Jourdain qui descend s'arrêtera comme s'il y avait une digue. Le peuple sortit de ses tentes pour passer le Jourdain, et les prêtres qui portaient l'arche de l'alliance marchèrent devant le peuple. »

Marie, la Nouvelle Arche, détient ce pouvoir et encore davantage, car l'accomplissement est plus grand que le type ; le Nouveau Testament est plus grand que l'Ancien. Il nous faut maintenant parcourir plus de preuves bibliques de l'enseignement catholique sur Marie.

La terre avec laquelle Adam fut créé est un type de Marie et de sa préservation du péché (son Immaculée Conception)

Nous avons établi que Jésus-Christ est le nouvel Adam. Adam fut créé avec de la terre.

Genèse 2:7- « L'Éternel Dieu façonna l'homme avec la poussière de la terre [adamah]. Il insuffla un souffle de vie dans ses narines et l'homme devint un être vivant. »

Le mot hébreu pour « terre » est *adamah*. C'est un nom féminin. Adam est ainsi nommé, parce qu'il est originaire de l'*Adamah* ; son nom signifiant fils de la terre, fils de l'*adamah*. [3]

Ce point pourrait être développé, mais il est clair que, à un certain niveau, la terre avec laquelle Adam fut créé est un type de Marie. Le premier Adam fut créé par Dieu avec de la terre. Le second Adam (Jésus-Christ) prit chair de Marie, Sa mère. Donc la question est : quel était l'état de la Terre lors de sa création ?

Genèse 1:31 - « Dieu regarda tout ce qu'il avait fait, et il constata que c'était très bon. Il y eut un soir et il y eut un matin. Ce fut le sixième jour. »

La Terre d'où fut formé Adam — et en fait toute la Création de Dieu avant la Chute — était parfaite, non déchue et bénie. Le péché et la malédiction n'avaient pas leurs places en elle.

Marie, qui donne naissance au second et meilleur Adam (Jésus-Christ), doit également être parfaite, non déchue et bénie. Elle doit être préservée de toute souillure du péché et de la malédiction du péché originel. C'est ce qu'on appelle l'Immaculée Conception.

Seule Marie et son absence de péché remplissent pleinement ce qui est prédit dans Genèse 3:15 - « Je mettrai des inimitiés entre toi [le serpent] et la femme... »

Peu après la chute d'Adam et Ève, Dieu fit cette prophétie.

Bible catholique Vigouroux, Genèse 3:14-15 - « Le Seigneur Dieu dit au serpent: Parce que tu as fait cela, tu es maudit entre tous les animaux de la terre : tu ramperas sur ton ventre, et tu mangeras de la terre tous les jours de ta vie. Je mettrai des inimitiés entre toi et la femme, entre ta postérité et sa postérité : Elle te brisera la tête, et toi, tu lui tendras des embûches au talon. »

N.d.T. : Les traductions protestantes de ce passage sont différentes. Certaines sont subtiles : « Je mettrai l'hostilité entre toi et la femme, entre ta descendance et sa descendance : celle-ci t'écrasera la tête et tu lui blesseras le talon. » (Bible Segond 21) Et d'autres franches : « Et je mettrai inimitié entre toi et la femme, et entre ta semence et la semence de la femme; cette semence te brisera la tête, et tu lui briseras le talon. » (Bible Martin)

Les textes bibliques plus œcuménique font comme si la partie finale du passage est que la semence de la femme brisera la tête du serpent ; tandis que dans les versions catholiques traditionnelles, c'est « Elle » (la femme) qui brisera la tête du serpent. Une ambiguïté dans les textes hébraïques a fait de ce sujet une question universitaire. Mais beaucoup des Pères antiques s'accordent avec le rendu catholique traditionnel de « elle. » Quoiqu'il en soit, même si l'on devait accepter pour les besoins de la cause la traduction chère aux protestants, le fait que Marie est « la femme » en opposition au serpent demeure parfaitement intact ; car les protestants traduisent la première partie tout comme le font les catholiques.

Dieu dit qu'il y aura des inimitiés — hostilité, division, opposition — entre le serpent (Diable) et « la femme. » Dans le même contexte, ce passage traite de la semence de la femme, et de la victoire qui sera accordée à travers la femme et sa semence. Dans la Bible, « semence » est utilisé pour nommer les enfants et les descendants d'un homme. La semence de la femme, par conséquent, est quelque chose d'unique ; qui se réfère à un enfant produit par une femme seule. Il s'agit évidemment de la conception virginale et la naissance depuis le ventre de la Bienheureuse Vierge Marie, mère de Jésus. La « semence » de la femme se réfère à Jésus-Christ.

Par conséquent, la femme identifiée ici comme ayant une opposition ou des inimitiés avec le serpent est clairement Marie, la mère de Jésus-Christ. La femme n'est pas Ève, qui céda face au serpent. C'est Marie.

Dieu dit qu'Il mettra des inimitiés ou une opposition entre le serpent et la femme. En conséquence, Marie doit être totalement préservée du péché. Car, lorsqu'on pèche, on n'est pas opposé au Diable, mais on se donne au Diable. La seule façon pour que la femme ait une opposition complète et définitive avec le serpent est par la préservation du péché et du péché d'Adam.

Le fait que Marie soit cette « femme » totalement libre de la domination du péché et du Diable est la raison pour laquelle Jésus appelle Marie « femme » à travers tout le Nouveau Testament. Jésus n'appela jamais Sa mère autrement que par le mot « femme. » Beaucoup de non-catholiques pensent que c'était pour rabaisser Sa mère, et minimiser son rôle ; mais au contraire, Jésus identifiait Marie à la « femme » de Genèse 3:15.

Vigouroux, Genèse 3:14-15 - « Je mettrai des inimitiés entre toi et la femme, entre ta postérité et sa postérité : Elle te brisera la tête, et toi, tu lui tendras des embûches au talon. »

Jean 2:3-5 - « Comme le vin venait à manquer, la mère de Jésus lui dit : Ils n'ont plus de vin. Jésus lui répondit : Que me veux-tu, femme ? Mon heure n'est pas encore venue. Sa mère dit aux serviteurs : Faites tout ce qu'il vous dira. »

Jésus a accompli son premier miracle par l'intercession de sa mère, Marie.

Des lectures superficielles de Jean 2:3-5 ont donné aux gens l'impression que Jésus réprimande Sa mère aux noces de Cana. Mais ce passage révèle en fait la puissance d'intercession de Marie avec Jésus. Jésus disait que Son heure n'était pas encore venue ; en d'autres termes, ce n'était pas encore le moment de révéler Ses pouvoirs miraculeux. Bien que ce fût Son plan, c'est à l'instigation de Sa mère, qui eut de la compassion pour le couple nouvellement marié, que Jésus accomplit le miracle. Il fit ce miracle (Son premier) à l'instigation de Sa mère, même si Son heure n'était « pas encore venue. » C'est un excellent exemple de grâces obtenues de Jésus par Marie — grâces qu'Il pourrait autrement ne pas être enclin à donner.

Beaucoup de non-catholiques objectent qui si Marie est si cruciale, alors pourquoi Jésus a-t-Il permis aux écrivains de l'Évangile de donner peut-être l'impression qu'Il rabaissait la place de Sa mère ? Ils soutiennent que certains versets donnent cette impression, ou ne font pas beaucoup pour dissiper cette idée. La réponse est que Dieu ne jette pas des perles devant les pourceaux. (Mat. 7:6). Il dissimule souvent Ses vérités, ou les met juste sous la surface, en sorte que les efforts superficiels et les personnes malhonnêtes passeront leurs chemins sans les avoir vues, ou n'en garderont que de fausses impressions. Par contre, ceux qui sont plus patients et qui creusent plus profondément — ou qui font tout simplement confiance à l'Église établie par Jésus — trouveront le joyau et le sens véritable.

Luc 8:8-10 - « ... Que celui qui a des oreilles pour entendre entende. Ses disciples lui demandèrent ce que signifiait cette parabole. Il répondit : Il vous a été donné, à vous, de connaître les mystères du royaume de Dieu; mais pour les autres, cela est dit en paraboles, afin qu'en voyant ils ne voient pas et qu'en entendant ils ne comprennent pas. »

Ceci est tellement vrai dans le cas de l'enseignement biblique sur le rôle profond de Marie ! Des Lectures superficielles ne produisent que des gens aveugles devant ces faits. Alors que c'est là, dans l'Écriture. Comme nous venons de le voir, Marie est la nouvelle Ève, la femme de Genèse 3:15. Elle est aussi l'Arche de la Nouvelle Alliance, et bien plus, comme nous le verrons. Ceci est partout dans la typologie biblique et dans de nombreux passages analysés plus profondément ; mais pourtant beaucoup restent ignorants de ces preuves. En voyant, ils ne voient pas, et en entendant, ils n'entendent pas. N'ayant pas mis leur confiance dans l'unique Église que le Christ a établie, ils n'ont malheureusement acquis qu'une compréhension superficielle et erronée de l'enseignement biblique.

Jean 19:26-27 - « Jésus vit sa mère et, près d'elle, le disciple qu'il aimait [Jean]. Il dit à sa mère : Femme, voici ton fils. Puis il dit au disciple : Voici ta mère. Dès ce moment-là, le disciple la prit chez lui. »

Bien que d'autres femmes fussent au pied de la croix, Jésus singularisa Sa mère. Jésus ne l'appela pas autrement que « femme, » parce qu'elle est la femme de Genèse 3:15, celle en opposition complète avec le serpent. Jésus demande aussi à saint Jean de prendre Sa mère chez lui.

L'âme de Marie célèbre la grandeur du Seigneur, et le Tout-Puissant lui a fait de grandes choses.

Luc 1 nous donne un aperçu des privilèges uniques que Dieu conféra à Marie.

Luc 1:46-50 - « Marie dit : Mon âme célèbre la grandeur du Seigneur, et mon esprit se réjouit en Dieu, mon Sauveur, parce qu'il a porté le regard sur son humble servante. En effet, voici, désormais toutes les générations me diront heureuse, parce que le Tout-Puissant a fait de grandes choses pour moi. Son nom est saint, et sa bonté s'étend de génération en génération sur ceux qui le craignent. »

La Bible dit que l'âme de Marie célèbre la grandeur du Seigneur ; son âme ne Le diminue pas. Marie ne porte pas atteinte à Jésus, mais conduit les gens vers Jésus. L'Arche de l'Ancienne Alliance signifiait la puissance de Dieu et sa présence. Quand elle était en leur présence, elle les incitait au dévouement, à la confiance et l'amour du Tout-Puissant. D'une manière semblable, mais bien plus grande, Marie, la Nouvelle Arche, nous dirige vers Jésus-Christ et nous fixe puissamment autour de Lui. Tout ce que Marie a, et tout ce qui fait Marie, c'est d'être la mère de Jésus-Christ. Il lui a fait de grandes choses en la préservant du péché.

On devrait également noter ce fait non négligeable, dans Luc 1:48, où Marie prophétise que "toutes les générations" la diront "bienheureuse" [4]. C'est une prophétie sur la prière catholique de l'Ave Maria. Pendant des générations, les catholiques ont prié : « Je vous salue Marie, pleine de grâce, le Seigneur est avec vous, vous êtes bénie entre toutes les femmes et Jésus, le fruit béni de vos entrailles est béni. Sainte Marie, Mère de Dieu, priez pour nous pauvres pécheurs, maintenant et à l'heure de notre mort. Amen. »

LA BIBLE DIT QUE MARIE EST « PLEINE DE GRÂCE, » CE QUI SIGNIFIE SANS PÉCHÉ

Vigouroux, Luc 1:27-31 - « Et le nom de la vierge était Marie. Or l'ange étant venu vers elle lui dit : Je vous salue Marie, pleine de grâce ; le Seigneur est avec vous ; vous êtes bénie entre les femmes. Lorsque Marie l'eut entendu, elle fut troublée de ses paroles, et elle pensait qu'elle pouvait être cette salutation. Mais l'ange lui dit : Ne craignez point, Marie, vous avez trouvé grâce devant Dieu ; Voilà que vous concevrez dans votre sein, et vous enfanterez un fils à qui vous donnerez le nom de Jésus. »

La Bible œcuménique modernes TOB ne traduit pas Luc 1:28 par « vous salue, pleine de grâce ; » elles utilisent « toi à qui une grâce a été faite » ou « sois joyeuse toi qui a la faveur de Dieu » TOB et ou « toi à qui Dieu a accordé sa faveur » [Semeur], ou quelque autre terme similaire. Les traductions protestantes sont différentes avec des souplesses de traduction, et il existe un certain nombre de termes pour le démontrer. Le mot original en grec est *kecharitomene*. Ce mot est directement concerné par l'idée de « grâce. » Selon des érudits en grec, l'origine de *kecharitomene* vient du mot *charis*, qui signifie littéralement « grâce. » Sur les 150 fois qu'il apparaît environ, la bible protestante King James traduit 129 fois *charis* par « grâce. »

Il est également extrêmement important de noter que les premières traductions protestantes de Luc 1:28 étaient « pleine de grâce ; » ou son équivalent. Le célèbre protestant William Tyndale (1494-1536) est considéré comme un héros chez certains protestants. Sa version de la Bible fut traduite en anglais moderne au début de 1525. Tyndale traduisit Luc 1:28 comme suit: « And ye angell went in unto her and sayde: Hayle full of grace ye Lorde is with ye: blessed arte thou amonge wemen ». Le passage clé (ici souligné) se traduit ainsi en français : « Je vous salue, pleine de grâce ; le Seigneur est avec vous ; vous êtes bénie entre les femmes » [5] Le protestant anglais Thomas Cranmer (1489-1556) traduisait aussi ce passage par « full of grace » (« pleine de grâce »).

Saint Jérôme (347-420 A.D.) fut l'érudit biblique de l'Église primitive. Même les traducteurs de la Bible protestante King James de 1611 appelaient saint Jérôme « un Père très instruit ; sans controverses, le meilleur linguiste de son époque, ou d'aucun avant lui » (préface du traducteur de la bible King James de 1611). Dans la Vulgate en latin, saint Jérôme a traduit *kecharitomene* par *gratiae plena*, qui signifie « pleine de grâce que vous avez reçue. » « Grâce » était également acceptée comme la traduction correcte dans le Nouveau Testament de la Bible catholique Douay-Rheims, en 1582.

Le *Word Pictures of the New Testament* du célèbre protestant A.T. Robertson, érudit en grec, disait ceci à propos de Luc 1:28 :

« "Hautement favorisée" (*kecaritwmenh*) : Participe parfait passif de *caritow*, signifiant "comblée de grâce" (*carijß*), "enrichie de grâce," comme dans Éphésiens 1:6... Le "*gratiae plena*" de la Vulgate est bien traduit s'il signifie "pleine de grâce que vous avez reçue" ; est mal traduit, s'il signifie "pleine de grâce que vous recevrez." [6]

Si Marie est « pleine de grâce, » ceci suggère en soi qu'elle est sans péché, car la grâce est opposée au péché. L'ange ne dit pas que Marie deviendra pleine de grâce, mais qu'il a rencontré Marie déjà dans cet état. Elle a été conçue dans cet état. D'ailleurs, Marie est déclarée « bénie entre les femmes » parce que sa position est unique.

MARIE EST VIERGE PERPÉTUELLE

Nous avons vu que Marie est la nouvelle Ève et l'Arche de la Nouvelle Alliance. Il nous faut maintenant examiner les textes des Pères concernant la virginité perpétuelle de Marie. Beaucoup de contemporains rejettent la virginité perpétuelle de Marie ; ils pensent que cela contredit la Bible. Beaucoup d'entre eux seront choqués de découvrir que les premiers protestants, dont Martin Luther, Jean Calvin, et les autres, croyaient tous en la virginité perpétuelle de Marie. L'idée que Marie cessa d'être vierge et eut d'autres enfants en plus de Jésus fut répandue après le début de la « Réforme » protestante. Ainsi, la position protestante sur ce sujet contredit non seulement la Tradition catholique antique et notre compréhension de la Bible (comme nous le verrons),.

Matthieu 1:25 ne réfute pas la virginité perpétuelle de Marie

La première chose que les protestants citent habituellement contre la virginité perpétuelle de Marie est Matthieu 1:25.

Mat. 1:24-25 - « À son réveil Joseph fit ce que l'ange du Seigneur lui avait ordonné et il prit sa femme chez lui, mais il n'eut pas de relations conjugales avec elle jusqu'à ce qu'elle ait mis au monde un fils premier né auquel il donna le nom de Jésus. »

Selon les certains, ceci prouve que Marie a cessé d'être vierge après la naissance de Jésus. C'est tout à fait faux. Le mot grec pour « jusqu'à » ou « en attendant » (*heos*) n'implique pas que Joseph eut des relations conjugales avec Marie après la naissance de Jésus-Christ. Il signifie simplement que jusqu'à ce point, ceux-ci n'avaient pas eu de relations, en ne disant rien sur ce qui s'est passé après ce point. C'est prouvé par les nombreux passages ci-dessous. On devrait aussi garder à l'esprit que la Bible a été écrite il y a des millénaires. Elle fut écrite à une époque et dans des langues qui n'exprimaient pas les choses de la même façon que le français moderne.

Par exemple, dans 2 Samuel 6:23 (2 Rois 6:23, Vulgate), on lit que Dieu a maudit Mical, femme de David. Il l'a maudite parce qu'elle se moquait de la façon dont se réjouissait David devant l'Arche d'Alliance. En conséquence, Mical n'eut pas d'enfants « jusqu'au » jour de sa mort.

2 Samuel 6:23 – « Mical, fille de Saül, n'eut pas d'enfants jusqu'au jour de sa mort. »

Est-ce que cela veut dire que Mical a commencé à avoir des enfants après sa mort ? Évidemment non ! Ce verset démontre que lorsque l'Écriture décrit quelque chose comme vraie « jusqu'à » ou « avant » un certain point, cela ne signifie pas nécessairement que cette chose a cessé d'être vraie après ce point. Voici d'autres exemples:

Héb. 1:13 – « Enfin, auquel des anges a-t-il déjà dit : Assieds-toi à ma droite jusqu'à ce que j'aie fait de tes ennemis ton marchepied ? »

Ce passage fait référence au Fils de Dieu. Est-ce que cela veut dire qu'Il cessera de s'asseoir à la droite du Père, après que les ennemis de Dieu auront été son marchepied ? Évidemment, non. Il restera à la droite de Dieu le Père.

1 Tim. 4:13 – « En attendant que je vienne, applique-toi à lire les Écritures dans l'assemblée, à encourager, à enseigner. »

Est-ce que cela veut dire qu'après sa venue, ils devront abandonner la lecture et l'enseignement ? Évidemment, que non.

Et j'oserais dire comme St Paul et un père dominicain que j'ai bien connu ;

Actes 23:1 – « Les regards fixés sur le sanhédrin, Paul dit : Mes frères, c'est en toute bonne conscience que je me suis conduit devant Dieu jusqu'à aujourd'hui. »

Est-ce que cela veut dire que Paul a cessé d'avoir une bonne conscience après cette journée ? Évidemment, non.

La préposition « avant » peut s'utiliser de la même façon.

Jean 4:49 - « ... descends avant que mon enfant ne meure ! »

Ici, nous voyons que le mot « avant » peut être utilisé d'une manière similaire au mot « jusqu'à. » Cet enfant n'est pas mort ; Jésus l'a guéri (Jean 4:50). Ainsi, la déclaration dans Matthieu 1:18, citée ci-dessous, qui dit que Marie était enceinte « avant » qu'elle et Joseph n'aient habité ensemble, ne veut pas dire qu'ils aient habité ensemble après qu'elle ait eu l'enfant. Cela signifie simplement qu'elle était enceinte sans aucun rapport sexuel.

Mat. 1:18 - « Voici de quelle manière arriva la naissance de Jésus-Christ. Marie, sa mère, était fiancée à Joseph ; or, avant qu'ils aient habité ensemble, elle se trouva enceinte par l'action du Saint-Esprit. »

Il est tout à fait certain, par conséquent, que Matthieu 1:25 et Matthieu 1:18 ne contredisent en aucune manière la virginité perpétuelle de Marie. Les protestants ne peuvent pas légitimement prétendre que ces passages constituent la preuve que Marie a cessé d'être vierge. Ces passages ne prouvent pas non plus sa virginité perpétuelle, laquelle est prouvée ailleurs dans la Bible.

Que dire du Fils « premier-né » ? - Cela implique-t-il d'autres enfants ?

L'Apôtre Judas Thaddée était cousin de Jésus

Luc 2:7 - « ... et elle mit au monde son fils premier-né. Elle l'enveloppa de langes et le coucha dans une mangeoire parce qu'il n'y avait pas de place pour eux dans la salle des hôtes. »

Mat. 1:25 - « ... il n'eut pas de relations conjugales avec elle jusqu'à ce qu'elle ait mis au monde un fils premier né auquel il donna le nom de Jésus. »

« Fils premier-né » est un titre juridique que l'on donne au premier garçon né dans une famille juive. En d'autres termes, on le donne à un petit garçon, lequel est aussi le premier enfant.

Dieu ordonna spécifiquement aux Israélites de sanctifier leurs fils premiers-nés en service et en consécration spéciale à Dieu. Le titre « fils premier-né » tenait une importance supplémentaire, car il donnait à l'enfant le droit de posséder une double portion d'héritage. (Deu. 21:17). Cet enfant gardait le titre de « fils premier-né » sans tenir compte de éventuels frères et sœurs après lui. À titre d'exemple : « ... nous pouvons voir ceci à Tel-el Yaoudieh (cf. *Biblica* 11, 1930 369-90) sur l'inscription tombale écrite en grec d'une mère morte en couches : "Dans la douleur de donner mon fils premier-né, le destin m'a conduit à la fin de ma vie." » [7]

Exode 13 et 34 nous font part de la prescription de Dieu pour que le premier-né Lui soit consacré. Il y avait une cérémonie pour « le rachat du fils premier-né. » (Exode 13 et 34:20). Ce n'est pas comme s'ils reportaient la cérémonie des « premiers-nés » jusqu'à ce que la femme ait un second enfant.

Exode 13:2,12 - « Consacre-moi tout aîné, tout premier-né parmi les Israélites, tant des hommes que des animaux : il m'appartient... tu consacreras tout premier-né à l'Éternel, même tout premier-né des animaux que tu auras : les mâles appartiennent à l'Éternel. »

De ce fait, dire que Jésus était le « fils premier-né » de Marie (Luc 2:7) ne contredit absolument pas la virginité perpétuelle de Marie. Ceci veut juste signifier qu'Il était son premier enfant mâle ; rien ne dit qu'un autre soit venu plus tard.

QU'EN EST-IL DES « FRÈRES » DE JÉSUS ?

Les non-catholiques présentent souvent des passages mentionnant « les frères et sœurs » de Jésus. Tout d'abord, il faut mentionner que ces « frères » ne sont pas une seule fois décrits comme les enfants de Marie, la mère de Jésus.

Marc 6:3 - « N'est-il pas le charpentier, le fils de Marie, le frère de Jacques, de Joseph, de Jude et de Simon ? Et ses sœurs ne sont-elles pas ici parmi nous ? Et il représentait un obstacle pour eux. »

Mat. 13:55 – « N'est-il pas le fils du charpentier ? N'est-ce pas Marie qui est sa mère ? Jacques, Joseph, Simon et Jude, ne sont-ils pas ses frères ? »

Dans la version originale en grec, les mots utilisés sont *adelphoi* (frères) et adelphe (sœurs). Bien que ces termes *adelphoi* et *adelphe* puissent se référer à de vrais frères, la Bible utilise aussi ces mots pour décrire des personnes qui ne sont pas frères, mais des cousins, des proches, des demi-frères, ou des voisins proches.

La Bible dit qu'Abraham était le frère de Lot, mais il ne l'était pas littéralement.

Lot était le neveu d'Abraham ; Abraham était son oncle (voir Genèse 11:31; 14:12). Pourtant, la Bible décrit par deux fois Lot comme le « frère » d'Abraham. C'est parce que le mot « frère » ne signifie pas nécessairement une fratrie. Comme indiqué plus haut, il peut signifier soit un cousin, soit un parent, soit un beau-frère, soit un ami proche de la famille.

Segond 1979, Genèse 14:14 - « Dès qu'Abram eut appris que son frère avait été fait prisonnier... »

Lot était le neveu d'Abraham.

La Bible l'appelle aussi son « frère ».

Segond 1979

Gen.11:27 – « Voici la postérité de Térach. Térach engendra Abram, Nachor et Haran.-Haran engendra Lot. »

Gen. 14:14 – « Dès qu'Abram eut appris que son frère avait été fait prisonnier...»

Gen.12:5 – « Abram prit Saraï, sa femme, et Lot, fils de son frère... »

Gen.14:16 – « il ramena aussi Lot, son frère...»

Gen.14:12 – « Ils enlevèrent aussi, avec ses biens, Lot, fils du frère d'Abram, qui demeurait à Sodome; et ils s'en allèrent. »

L'argument de certains pour tenter de répondre à tout ceci est que l'Ancien Testament n'a pas été écrit en grec, mais en hébreu. Par conséquent, disent-ils, le cas de Lot ne prouve pas qu'*adelphos* puisse se référer à une personne qui n'est pas littéralement un frère. Cet argument est réfuté par le fait que, bien que l'Ancien Testament ait été écrit entièrement en hébreu, soixante-dix érudits réalisèrent sa célèbre traduction en grec, quelques siècles avant la venue du Christ. Cette traduction célèbre est appelée la Septante.

Cette traduction grecque de l'Ancien Testament, la Septante, est citée près de trois-cent fois par les auteurs inspirés du Nouveau Testament. Cela signifie que les auteurs de l'Ancien Testament acceptaient la Septante. Dans la Septante, le mot grec *adelphos* est utilisé pour décrire Lot comme le frère d'Abraham. *Adelphos* est la forme singulière d'*adelphoi*, le mot utilisé dans le Nouveau Testament pour les « frères » de Jésus. Par conséquent, l'Ancien Testament utilise bien *adelphos* pour décrire quelqu'un qui n'est pas littéralement un frère.

Mais on peut aussi le prouver grâce au Nouveau Testament. Dans Actes 3:17 et Romains 9:3, on voit qu'*adelphoi* (frères) est utilisé pour décrire des gens de même nationalité, mais qui ne sont pas de vrais frères et sœurs. Considérez ces versets comme le coup fatal porté à l'argument de ceux qui peuvent contredire cette hypothèse.

De plus, dans Luc 10:29, Matthieu 5:22 et Matthieu 7:3, on voit qu'*adelphos* (« frère ») est utilisé pour parler du prochain, pas nécessairement d'un vrai frère. La Bible Segond 21 confirme ce point :

Genèse 14:14 - « Dès qu'Abram apprit que son neveu [adelphos] avait été fait prisonnier... »

Genèse 14:16 - « Il ramena même son neveu [adelphos] Lot... »

Mais il y a *anepsios*, le mot grec pour « cousin. » Si les « frères » de Jésus étaient des cousins plutôt que des frères, pourquoi ne pas avoir utilisé *anepsios* ?

L'Église catholique Romaine enseigne que Marie est toujours vierge et n'a pas d'autres enfants. L'Église catholique n'enseigne pas que tous les « frères » de Jésus étaient nécessairement Ses cousins. Ils auraient pu être des amis proches, ou des personnes considérées comme faisant parties de la famille, soit par le mariage, soit par la loi, soit par la patrie. Par exemple, dans 2 Samuel 1:26 (2 Rois 1:26, Vulgate), le roi David appelle Jonathan son « frère, » mais ceux-ci ne sont ni frères ni cousins. David avait épousé la sœur de Jonathan, Mical, fille du roi Saül. Donc David faisait partie de la famille.

Le nombre des « frères » (*adelphoi*) de Jésus mentionné dans la Bible semble suggérer que certains d'entre eux n'étaient même pas membres de la famille élargie, mais qu'ils étaient considérés comme faisant partie de la famille par d'autres moyens. Si un seul ou certains d'entre eux n'étaient pas des cousins, mais des parents de la famille élargie, des voisins, ou des amis proches, alors le mot *adelphoi* aurait été utilisé. Par conséquent, le fait que le mot « cousin » n'ait pas été utilisé ne prouve en aucun cas que Marie ait eu d'autres enfants.

Une preuve de Matthieu 27:56 montre que les « frères » de Jésus n'étaient pas Ses vrais frères

Mat. 13:55 – « N'est-il pas le fils du charpentier ? N'est-ce pas Marie qui est sa mère ? Jacques, Joseph, Simon et Jude, ne sont-ils pas ses frères ? »

La Vierge Marie, l'enfant Jésus et sainte Anne avec Marie de Cléophas la mère de Jacques le Mineur (à gauche) et Marie Salomé, mère de Jean l'Évangéliste et saint Jacques le Majeur (à droite)

Jacques et Joseph sont deux des noms donnés pour les « frères » de Jésus. Il peut être démontré, par les points suivants, que ceux-ci étaient les enfants d'une autre femme ; non les vrais frères de Jésus. Veuillez suivre ce qui suit avec attention :

Il y avait trois femmes au pied de la croix: 1) la Bienheureuse Vierge Marie (la mère de Jésus) ; 2) Marie, femme de Clopas (qui est dit être la sœur de a Bienheureuse Vierge Marie) ; et 3) Marie de Magdala.

Jean 19:25 – « Près de la croix de Jésus se tenaient sa mère [1], la sœur de sa mère, Marie la femme de Clopas [2] et Marie de Magdala [3]. »

Marie, femme de Clopas est aussi décrite comme l' « autre Marie » dans Matthieu 28:1. La Bible nous dit que Jacques et Joseph sont les enfants de cette Marie :

Mat. 27:56 – « Parmi elles figuraient Marie de Magdala, Marie la mère de Jacques et de Joseph, et la mère des fils de Zébédée. »

Ainsi, Jacques et Joseph (appelés les « frères » de Jésus) ne sont pas Ses vrais frères, mais Ses cousins. Il est néanmoins improbable que ce soit Ses cousins germains. Ceci parce que Marie de Clopas (la mère de Jacques et de Joseph), qu'on dit être la « sœur » de la mère de Jésus (Jean 19:25), porte aussi le nom de Marie. Il est extrêmement improbable que deux frères et sœurs d'une famille hébraïque aient reçu le même nom. En revanche, ce qui est très probable est qu'elles n'étaient pas sœurs, mais des membres du même clan qui se faisaient appelées « sœurs, » de la même manière que Jacques, Joseph, Simon et Judas se faisaient appeler « frères » de Jésus. Tout ceci ne montre qu'aucune des déclarations de la Bible sur les frères et sœurs de Jésus ne réfute, en aucune façon, la virginité perpétuelle de la Bienheureuse Vierge Marie. Il nous faut maintenant regarder la preuve que Marie n'avait pas d'autres enfants et qu'elle était perpétuellement vierge.

Jean 19:26 prouve que Marie n'a pas eu d'autre enfant que Jésus.

En mourant sur la Croix, Jésus confie le soin de sa mère à l'Apôtre Jean.

Jean 19:26-27 – « Jésus vit sa mère et, près d'elle, le disciple qu'il aimait [Jean]. Il dit à sa mère : Femme, voici ton fils. Puis il dit au disciple : Voici ta mère. Dès ce moment-là, le disciple la prit chez lui. »

Des érudits soulignent que ce fut un acte formel de mandatement. [8] Jésus confia Sa mère à saint Jean afin qu'il prenne soin d'elle. Si Marie avait eu d'autres enfants, comme le soutiennent les protestants, Jésus n'aurait pas dit à saint Jean de prendre Marie pour mère. Elle aurait été placée sous la garde d'un de ses nombreux « frères. » Le fait que Jésus ait confié Marie à saint Jean prouve qu'elle n'avait pas d'autres enfants.

Certains chrétiens tentent de répondre à ceci en affirmant que les « frères » de Jésus ne sont pas croyants et c'est pourquoi Jésus la confia à saint Jean. Mais c’est réfuté dans Actes 1:14, où il est dit que les « frères » de Jésus étaient des croyants. Jésus savait qu’ils étaient ou deviendraient croyants, et donc Il ne l’aurait pas confié à saint Jean si c’était Ses vrais frères.

Il est aussi très révélateur que lorsque Jésus fut retrouvé dans le temple à 12 ans, il n'y avait aucune indication que Marie et Joseph eussent d'autres enfants (Luc 2:41-51). L’indication est qu’Il est enfant unique. Il est aussi désigné par « le fils de Marie » (Marc 6:3) ; non pas « un fils de Marie. » Il n’est pas dit une seule fois que Marie avait d'autres enfants.

La réponse de Marie à l'ange dans Luc chapitre 1 indique qu'elle avait fait vœu de virginité perpétuelle

Luc 1:30-34 - « L'ange lui dit : N’aie pas peur, Marie, car tu as trouvé grâce auprès de Dieu. Voici que tu seras enceinte. Tu mettras au monde un fils et tu lui donneras le nom de Jésus. Il sera grand et sera appelé Fils du Très-Haut, et le Seigneur Dieu lui donnera le trône de David, son ancêtre. Il règnera sur la famille de Jacob éternellement, son règne n'aura pas de fin. Marie dit à l'ange : Comment cela se fera-t-il, puisque je n’ai pas de relations avec un homme ? »

L'ange apparaît à Marie et lui dit qu'elle va concevoir et enfanter un fils. Marie répond en disant : « Comment cela se fera-t-il, puisque je n’ai pas de relations avec un homme ? » La vraie signification est : « Comment cela se fera-t-il puisque je suis vierge. » Comment cela se fait-t-il ? Marie savait comment les enfants viennent au monde. Sa réponse n'a donc de sens que si elle avait fait vœu de virginité à vie. Elle demandait comment elle pouvait concevoir tout en étant vierge.

Il convient également de noter que l'engagement de Marie avec Joseph ne contredit pas l'idée qu'elle eût fait un tel vœu. À l'époque, la morale dictait que les vouées à la virginité devaient avoir un homme protecteur, qui garderait et respecterait le vœu. Tel fut le rôle de Joseph.

Selon moi et aussi la tradition des Pères, il est impensable que l'Arche de la Nouvelle Alliance ait des rapports sexuels avant la conception du Verbe de dieu en son Ventre.

Nous avons déjà vu que la Bible enseigne clairement que Marie est l'Arche de la Nouvelle Alliance. En tant que créature la plus sainte sur Terre, et vaisseau du Très-Haut, il est totalement incongru — contraire à la dignité et au rôle de l'Arche — de penser qu'elle aurait quelque contact sexuel. Pour préparer les gens à la venue de Dieu sur le mont Sinaï, Moïse avait dit:

Exode 19:14-15 - « Moïse descendit de la montagne vers le peuple. Il consacra le peuple et ils lavèrent leurs vêtements. Et il dit au peuple : Soyez prêts dans trois jours. Ne vous approchez d'aucune femme. »

Quand David était en fuite et eut besoin du pain du prêtre, nous lisons :

1 Samuel 21:5 - « Le prêtre répondit à David : Je n'ai pas de pain ordinaire sous la main, mais je peux te donner du pain consacré, à condition que tes hommes n'aient pas eu de relations avec des femmes récemment ! »

L'Arche fut créée pour une raison bien plus sublime et sacrée, et n'aurait jamais pu avoir de contact sexuel. Uza tomba raide mort après avoir simplement touché l'Arche alors qu'il ne devait pas (2 Samuel 6 :6-8 / 2 Rois 6 :6-8, Vulgate).

Ézéchiel 44 et la prophétie sur la porte fermée, est une prophétie sur la virginité perpétuelle de Marie.

Ézé. 44:2 - « Alors l'Éternel m'a dit : Cette entrée restera fermée. Elle ne s'ouvrira plus et plus personne n'y passera, car l'Éternel, le Dieu d'Israël, est entré par là. Elle restera fermée. »

Nous voyons ici que seul le Seigneur doit passer par cette porte ; qu'aucune autre personne ne pourra y passer. C'est une prophétie sur la virginité perpétuelle de Marie. Elle est l'entrée fermée, par où vient le Seigneur. Ceci explique pourquoi Marie était considérée comme « la Porte du Ciel » dans les écrits catholiques traditionnels.

On croyait fermement à la virginité perpétuelle de Marie dans l'Église Primitive chrétienne.

Concile Constantinople II ; 553 A.D., ca. 6 - « Si quelqu'un dit que c'est en un sens impropre et non véritable que la sainte, glorieuse et toujours vierge Marie est Mère de Dieu... qu'un tel homme soit anathème.» [9]

Certains protestants et la plupart des membres de l'Église « orthodoxe » prétendent honorer le second concile de Constantinople. C'était le cinquième concile œcuménique. Comme nous le voyons ici, il enseignait clairement la virginité perpétuelle de Marie.

Pape St. Martin Ier, Concile Latran I ; 649 A.D., ca. 3 - « Si quelqu'un ne confesse pas, selon les saints Pères, en un sens propre et véritable, Mère de Dieu la sainte, toujours vierge, et immaculée Marie, puisque c'est en un sens propre et véritable Dieu Verbe lui-même, engendré de Dieu le Père avant tous les siècles, qu'elle a, dans les derniers temps, conçu du Saint-Esprit sans semence et enfanté sans corruption, sa virginité demeurante inaltérée aussi après l'enfantement, qu'il soit condamné. » [10]

L'Église chrétienne croyait que Marie était vierge perpétuelle. Au 4e siècle, saint Jérôme, le père de l'érudition biblique, et celui qui traduisit la Bible en latin, défendait cette vérité contre Helvéticus, un hérétique qui la niait. Comme déjà mentionné, même les premiers protestants, incluant Luther, Calvin et Zwingli, acceptaient la virginité perpétuelle de Marie.

LA PREUVE BIBLIQUE DE L'ASSOMPTION CORPORELLE DE MARIE DANS LE CIEL ET SA ROYAUTÉ DANS LE CIEL

La tradition de l'Église catholique enseigne qu'après le cours de sa vie sur Terre, la Bienheureuse Vierge Marie fut enlevée en corps et en âme dans le Ciel. Son corps n'a été ni enterré, ni n'a souffert de corruption de la chair, car il s'agit d'une punition pour le péché originel, qu'elle n'avait pas. Puisqu'elle était libre de tout péché originel et qu'elle était l'Arche privilégiée, Marie fut directement emmenée en corps et en âme au Ciel. C'est ce qu'on appelle le dogme de l'Assomption corporelle de Marie.

D'autres chrétiens prétendent qu'il n'y a aucune preuve de l'Assomption de Marie dans la Bible. Mais au contraire, on en trouve une description dans le chapitre 12 de l'Apocalypse.

Apo. 12:1 – « Un grand signe apparut dans le ciel : c'était une femme enveloppée du soleil, la lune sous les pieds et une couronne de douze étoiles sur la tête. »

La femme dans Apocalypse 12:1 signifie un certain nombre de choses. Les Pères de l'Église comprenaient, qu'en plus de signifier la Mère de

Jésus, elle signifiait aussi, à un certain niveau, l'Église. Il ne fait aucun doute que c'est Marie, car le fils de cette femme est celui qui gouverne toutes les nations avec un sceptre de fer (Apo. 12:5). C'est Jésus, bien sûr, et de ce fait la mère doit être la Vierge Marie. Par conséquent, Apocalypse 12 nous offre une image claire de Marie élevée au ciel et placée en tant que Reine du Ciel.

Les écritures nous donne aussi un aperçu de l'Assomption de Marie dans Psaumes 132:8 (Psa. 131:8, Vulgate).

Psa. 132:8 – « Lève-toi, Éternel, viens à ton lieu de repos, toi et l'arche où réside ta force ! »

Dans ce psaume intéressant, on apprend que le Seigneur et l'Arche s'élèvent et viennent en un lieu de repos permanent. C'est une image de l'Assomption, car comme nous l'avons montré, Jésus est le Seigneur et Marie est la nouvelle Arche. Les deux sont emmenés corps et âmes au Ciel. Jésus s'élève de Lui-même ; Marie est emmenée par Jésus.

Si 'Arche de l'ancienne Alliance est emmenée en un lieu de repos, jusqu'où ira l'Arche de la nouvelle et éternelle Alliance ? On lit aussi que l'Arche est caractérisée par la sainteté.

L'Assomption de Marie au Ciel découle logiquement de sa préservation du péché

L'Assomption corporelle de Marie découle logiquement de sa préservation de tout péché originel et actuel. La corruption de la chair dans la tombe est une conséquence du péché originel (Genèse 3:19). La plupart des frères réformés seraient d'accord sur ce point. En tant qu'Arche de la Nouvelle Alliance, Marie n'a pas eu le péché originel et fut donc libérée de ses conséquences. Il s'ensuit que Dieu ne permit pas que son corps subisse la corruption.

Psa. 16:10 - « Car tu n'abandonneras pas mon âme au séjour des morts, tu ne permettras pas que ton bien-aimé connaisse la décomposition. »

Ce psaume, qui parle de Dieu ne permettant pas à Son saint de connaître la décomposition, est cité dans le Nouveau Testament, dans le chapitre 2 d'Actes. Elle se réfère à Jésus.

Actes 2:31 – « C'est donc la résurrection du Christ qu'il a prévue et annoncée en disant qu'il ne serait pas abandonné au séjour des morts et que son corps ne connaîtrait pas la décomposition. »

De même, puisque Marie fut créée libre de tout péché, elle ne connaît pas la décomposition de la chair propre au corps dans la tombe ; elle fut emmenée au Ciel corps et âme.

L'Arche était faite d'un bois incorruptible.

Exode 25:10 – « Ils feront un coffre en bois d'acacia... »

Le bois d'acacia était si résistant que la Septante, la version grecque de l'Ancien Testament, traduit ce mot par « incorruptible » ou « non périssable. » Si l'Arche de l'Ancienne Alliance était incorruptible, jusqu'à quel point l'Arche de la Nouvelle Alliance doit être incorruptible ! Dieu prescrivit spécifiquement que l'Arche soit construite en un bois incorruptible, car elle servait de préfiguration au corps et à l'âme incorruptibles de la nouvelle Arche, la Sainte Vierge.

L'Assomption corporelle de Marie ne contredit pas les réalités bibliques.

Certaines personnes considèrent qu'il est fantastique que Marie ait pu avoir été miraculeusement emmenée corps et âme au Ciel. Cependant, la Bible dit qu'Élie fut miraculeusement emporté au ciel (2 Rois 2:1,11). On lit aussi qu'Énoch fut miraculeusement transporté pour marcher avec Dieu (Héb. 11:5; Genèse 5:24). Il est également enseigné de façon claire dans la Bible — en plus d'être un article de la foi chrétienne antique — que tous les hommes, bons ou mauvais, seront miraculeusement réunis à leurs corps au Jugement final, pour la résurrection des justes et des réprouvés (1 Cor. 15). Ainsi, il n'est aucunement contraire aux réalités bibliques — ça y correspond plutôt — de croire que Marie fut emmenée au Ciel, car elle était l'Arche Parfaite de Dieu, sans péché.

Les écritures indiquent que Marie est la « Reine Mère » dans le Royaume de Jésus.

Pourquoi ?

Tous simplement que Jésus en étant le roi, et en nous offrant sa Mère à la croix, par l'intermédiaire de Jean représentant l'Humanité, Marie à ce moment-là deviens la Reine Mère.

Dieu avait établi une alliance avec David afin d'établir un royaume. La monarchie davidique, le Royaume de Dieu sur terre, devait être un prototype du royaume spirituel de Dieu qu'établirait Jésus. C'est pourquoi Jésus est appelé le fils de David, dans les Évangiles. C'est aussi pourquoi Pierre, lui-même, dit, dans Actes 2:30, que Jésus est assis sur le trône de David. On trouve ceci à propos de Jésus dans Luc 1:32 :

« Il sera grand et sera appelé Fils du Très-Haut, et le Seigneur Dieu lui donnera le trône de David, son ancêtre. »

Dans la monarchie hébraïque, la femme la plus puissante, la plus honorée et la plus importante dans le royaume était la mère du roi. Elle était connue en tant que « Reine Mère. » En hébreu, elle se faisait appelée *Gebiyrah*. La *Gebiyrah*, la Reine Mère du Royaume, possédait un pouvoir d'influence unique avec le roi. Son influence, sa puissance et son prestige dépassaient ceux de simple épouse du roi. Cette puissance, nous la voyons très clairement dans 1 Rois 1 et 2 (3 Rois 1, 2, Vulgate).

La mère du roi Salomon était Bath-Shéba. La puissance et l'influence de Bath-Shéba en tant que reine mère étaient si grandes qu'Adonija lui dit ceci:

1 Rois 2:17 (3 Rois 2 :17) – « Et il dit [Adonija]: Je t'en prie, dis au roi Salomon de me donner pour femme Abischag, la Sunamite, car il ne te repoussera pas... »

Adonija comprenait la position et la puissance de la reine mère. Toutefois, la demande que fit Adonija était déraisonnable, puisqu'il voulait épouser Abischag, la dernière épouse du roi David. En la prenant pour épouse, Adonija aurait pu revendiquer le trône de Salomon. C'est pourquoi le roi ne pouvait pas lui accorder sa demande.

Même si cette requête d'Adonija était déraisonnable et n'aurait jamais été accordée par le roi, ceci nous montre qu'il était reconnu que la reine mère avait un profond et unique pouvoir d'influence auprès du roi. Cette influence était si grande qu'Adonija dit : « il ne te repoussera pas. »

Les quelques versets suivants viennent jeter encore plus de lumière sur cette vérité. Dans 1 Rois 2 :19 (3 Rois 2 :19, Vulgate), on lit que Bath-Shéba (la Reine Mère) s'en alla voir le roi Salomon pour lui demander la faveur. Quand elle entra, le roi se prosterna devant elle, et fit en sorte qu'un trône soit préparé pour elle et placé à côté de lui.

La Bible nous montre que la Reine Mère disposait d'un trône et d'un honneur uniques.

1 Rois 2:19-20 - « Bath-Shéba alla donc trouver le roi Salomon pour lui parler en faveur d'Adonija. Le roi se leva pour aller à sa rencontre et se prosterna devant elle, puis il s'assit sur son trône. Le roi fit placer un trône pour sa mère et elle s'assit à sa droite. Elle dit alors : J'ai une petite demande à te faire : Ne me repousse pas ! Le roi lui dit : Fais ta demande, ma mère, car je ne te repousserai pas. »

Comme on peut le voir, ce texte enseigne que la Reine Mère est honorée sur un trône avec le roi. Bien sûr, elle n'est pas l'égale du roi, mais elle partage toutefois l'honneur du Royaume. Nous avons ici une description parfaite de la royauté de la bienheureuse Vierge Marie et de son influence auprès du Roi. Elle est la Reine Mère du Royaume de Jésus. Marie est infiniment inférieure à son divin Fils. Néanmoins, elle est l'Arche parfaite, la Reine du Ciel et de la Terre selon mon analyse et ma pensée.

C'est pourquoi Marie a un tel pouvoir dans les Cieux sous son divin Fils — une puissance et une influence bien plus grandes que celles qu'avaient sur le roi la Reine Mère dans l'Ancien Testament. Voilà pourquoi il est si efficace de lui demander des faveurs, de sorte qu'elle puisse les demander à Jésus. Dans le Royaume de Jésus, elle est placée à Son côté en tant que Reine du Ciel et de la Terre.

Dans Psaumes 45 (Psa. 44, Vulgate), on voit aussi une référence au trône de Dieu avec la Reine à son côté :

Psa. 45 :7,10 – « Ton trône, ô Dieu, est éternel. Le sceptre de ton règne est un sceptre de justice... La reine est à ta droite, parée d'un or... »

L'AVE MARIA ET LE ROSAIRE : DE VAINES RÉPÉTITIONS CONDAMNÉES PAR JÉSUS ?

La Vierge Marie du Rosaire avec les Saints.

Certains affirment que des prières catholiques telles que le « Je vous salue Marie » et le Rosaire, ne plaisent pas à Jésus.

Mat. 6:7-8 - « En priant, ne multipliez pas les paroles comme les membres des autres peuples : ils s'imaginent en effet qu'à force de paroles ils seront exaucés. Ne les imitez pas, car votre Père sait de quoi vous avez besoin avant que vous le lui demandiez. »

Comme les autres objections que nous avons traitées, celle-ci est réfutée par un examen plus approfondi de la Bible. Le meilleur exemple pour réfuter l'objection sur ce point est probablement Apocalypse 4:8.

Apo. 4:8 - « Les quatre êtres vivants ont chacun six ailes et ils sont couverts d'yeux tout autour et à l'intérieur. Ils ne cessent de dire, jour et nuit : Saint, saint, saint est le Seigneur Dieu, le Tout-Puissant, celui qui était, qui est et qui vient ! »

Les anges du Ciel disent sans cesse, jour et nuit : « Saint, saint, saint. » On peut bien dire que l'idée que toutes les prières à répétitions sont païennes est démontée. L'assertion ne pouvait pas être plus fausse que cela.

Dans Matthieu 6:7, Jésus ne condamne ni les prières qui contiennent des mots répétés, ni les répétitions de la même prière (par ex., le fait de dire cinq fois à la suite le « Notre Père » ou le « Je vous salue Marie »). En effet, Il y dénonce les pratiques païennes. Les païens pensaient pouvoir faire plaisir à leurs faux dieux par leur éloquence et des discours élaborés ; croyant n'avoir qu'à dire avec précision, et en certains jours, les choses et mots appropriés, de peur que leurs faux-dieux ne les entendent ou n'oublient leurs requêtes. Jésus dénonçait leur paganisme ; enseignant que le vrai Dieu connaît toutes choses.

Voici d'autres idées et raisonnements sur ce sujet. Par exemple : Dans Psaumes 136 (Psa. 135 dans la Vulgate), on trouve une prière de louange et de remerciement qui répète la même phrase — « Oui, sa bonté dure éternellement » — 26 fois à la suite, rien que ça !

Psa. 136:1-2,4 - « Louez l'Éternel, car il est bon ! Oui, sa bonté dure éternellement ! Louez le Dieu des dieux ! Oui, sa bonté dure éternellement... Lui seul fait de grands miracles. Oui, sa bonté dure éternellement ! ... [etc.]. »

Jésus répète trois fois de suite la même prière quand il priait son Père dans le jardin de Gethsémani. On peut le lire dans Matthieu 26:39, Matthieu 26:42, et Matthieu 26:44. Dans Matthieu 20:29-33, Jésus répond à la prière répétée des aveugles, qui demandent miséricorde.

Comme nous pouvons le voir, la Bible contient de nombreux exemples où des prières au vrai Dieu sont répétées. Celles-ci ne constituent pas des « vaines répétitions » païennes.

En réalité, les prières de l'Église catholique faites à Marie, dans l'Ave Maria et le Rosaire, sont prédites par Marie elle-même, dans Luc 1 :

La Salutation Angélique (prière) : « Je vous salue, Marie, pleine de grâce ; le Seigneur est avec vous ; vous êtes bénie entre toutes les femmes, et Jésus, le fruit de vos entrailles, est béni. Sainte Marie, Mère de Dieu, priez pour nous, pauvres pécheurs, maintenant et à l'heure de notre mort. Amen. »

Luc 1:46-48 - « Marie dit : Mon âme célèbre la grandeur du Seigneur, et mon esprit se réjouit en Dieu, mon Sauveur, parce qu'il a porté le regard sur son humble servante. En effet, voici, désormais toutes les générations me diront heureuse. »

Évidemment, l'Église a accompli cette prophétie, qui concerne toutes les générations.

Le Cœur unique et Immaculé de Marie reçoit une attention unique dans l'Écriture

Le Cœur Immaculé de Marie.

La tradition de l'Église catholique Romaine honore et propage la dévotion au Cœur Immaculé de Marie. Celle-ci avait le cœur plus pur qu'aucune autre personne n'a jamais eu sur terre. Tout comme l'Arche de l'Ancienne Alliance, la dévotion au Cœur Immaculé de Marie est puissante auprès de Dieu. Certains catholiques condamnent cette dévotion comme non-biblique. Au contraire, seul le cœur de Marie est spécifiquement mentionné dans le Nouveau Testament. Le cœur d'aucune autre personne, sainte ou non, ne reçoit le genre d'attention qui est donné au cœur de Marie dans l'Évangile. Son cœur était unique parmi les êtres humains, car il n'a jamais été souillé par le péché.

Luc 2:18-19 - « Tous ceux qui entendirent les bergers furent étonnés de ce qu'ils leur disaient. Marie gardait le souvenir de tout cela et le méditait dans son cœur.»

Luc 2:51 – « Puis, il descendit avec eux pour aller à Nazareth et il leur était soumis. Sa mère gardait précieusement toutes ces choses dans son cœur. »

L'âme unique de Marie reçoit également une mention spéciale dans l'Écriture.

Luc 2:35 – « Toi-même, une épée te transpercera l'âme. Ainsi, les pensées de beaucoup de cœurs seront révélées. »

LA BIBLE PROUVE QUE MARIE EST LA MÈRE DE DIEU

Il est surprenant de voir autant de personnes croyantes ou non, troublés devant « Marie, mère de Dieu. » Ils admettent que Marie est la mère de Jésus,(Fils de Dieu ou Prophète) mais affirment qu'elle ne doit pas être considérée comme « la mère de Dieu. » ceux qui soutiennent que Marie n'est pas la mère de Dieu ne semblent pas réaliser qu'il n'est pas logique et cohérent de croire que Jésus est Dieu, tout en niant que Marie soit la mère de Dieu. Une telle position rejette la divinité de Jésus-Christ, qui est une personne divine avec deux natures.

Fait : Jésus-Christ est Dieu. La Bible l'enseigne en de nombreux endroits (Jean 1:1; Jean 20:28; Jean 8:58; Isaïe 9:6; etc.)

Fait : Marie est la mère de Jésus. La Bible l'enseigne en de nombreux endroits (Luc 1:31; Mat. 1:25; etc.)

Conclusion indéniable : Marie est la mère de Dieu.

Luc 1:31-32 - « Voici que tu [Marie] seras enceinte. Tu mettras au monde un fils et tu lui donneras le nom de Jésus. Il sera grand et sera appelé Fils du Très-Haut, et le Seigneur Dieu lui donnera le trône de David, son ancêtre.»

Isaïe 7:14 - « Voilà pourquoi c'est le Seigneur lui-même qui vous donnera un signe : la vierge sera enceinte, elle mettra au monde un fils et l'appellera Emmanuel [Dieu avec nous]. »

La Bible indique que Marie est la mère d'Emmanuel (qui signifie « Dieu avec nous »).

Luc 1:43 – « [Élisabeth dit :] Comment m'est-il accordé que la mère de mon Seigneur vienne vers moi ? »

Élisabeth dit aussi explicitement que Marie est la mère du Seigneur. C'est-à-dire du seul Seigneur, Jésus Christ, qui est Dieu.

Éph. 4:5 - « Il y a un seul Seigneur, une seule foi, un seul baptême.»

Jean 20:28 - « Thomas lui répondit : Mon Seigneur et mon Dieu ! »

Marie est la Mère de Dieu

Cela devrait être suffisamment simple. Mais malheureusement, ce n'est pas suffisant pour certains. L'erreur de certains chrétiens sur ce point doit être traitée et réfutée plus en profondeur.

Ils soulignent que la nature divine de Dieu est éternelle et sans commencement. C'est vrai. Mais ils disent que puisque la nature de Dieu est éternelle, et qu'elle n'est donc pas originaire de Marie, alors Marie ne peut pas être appelée « mère » de Dieu. C'est le principal argument des protestants sur ce point. Cet argument est totalement fallacieux.

Cette erreur sur ce point vient du fait d'attribuer à la personne du Fils de Dieu ce qui appartient uniquement à Sa nature divine. C'est manquer d'attribuer à la personne du Fils de Dieu ce qui appartient ou se rattache aussi à Sa nature humaine.

Puisque le Fils de Dieu est devenu vrai homme, en omettant de lui attribuer ce qui appartient aussi à sa nature humaine, ils nient en fait que Jésus-Christ est à la fois vrai Dieu et vrai homme.

Le Fils de Dieu, Jésus-Christ, est une Personne divine (la deuxième Personne de la Sainte Trinité), avec deux natures. Il est à la fois vrai Dieu et vrai homme. Jésus Christ n'est pas un homme qui s'est uni ou qui a été inspiré par Dieu. Non, Il est le vrai Dieu, qui est devenu vraiment homme.

Jean 1:14 - « Et la Parole (le verbe) s'est faite homme, elle(il) a habité parmi nous... »

Jésus n'était pas simplement un homme spécial ayant une inspiration et un lien unique avec la Parole de Dieu (le Fils de Dieu). Non, Il est la Parole de Dieu faite homme. Par conséquent, Lui attribuer uniquement ce qui appartient spécifiquement à Sa nature divine, et non pas aussi ce qui s'applique à Sa nature humaine assumée — comme le font certains quand ils nient que Marie est la Mère de Dieu — c'est diviser Jésus en deux personnes différentes.

Au 5e siècle, une Hérésie Historique du nom de Nestorianisme tenait les mêmes propos que les protestants sur ce sujet. Il soutenait que Marie ne devait pas être appelée *Theotokos* (mère/porteuse de Dieu), mais seulement appelée *Christotokos* (porteuse du Christ). L'Église reconnut immédiatement l'hérésie de Nestorius, et la condamna en 431 A.D., au concile d'Éphèse. La fausse vue de Nestorius fut reconnue par l'Église comme l'hérésie que la Bible condamne en ces termes : « destruction de Jésus » et « antéchrist. » Cette fausse idée « dissout » le Christ en séparant de Son unique Personne ce qui se rattache à Sa nature humaine. Elle résulte en la division de Jésus en deux personnes, et en l'idée que Jésus n'était qu'un homme qui portait (ou était inspiré par) la Personne de Dieu ; plutôt qu'une Personne divine vraiment devenue homme. Cette hérésie conduit à l'adoration d'un homme et l'adoration de deux fils.

L'Église savait clairement à quoi elle avait affaire, et elle condamna cette hérésie pour ce que c'était.

Pape Vigile, Concile Constantinople II ; 553 A.D. : « Déjà le saint concile d'Éphèse réuni selon la volonté de Dieu contre la mauvaise foi nestorienne a condamné en même temps que lui par un jugement juste et précis les vains propos de gens qui, devant venir après lui, ou venus avant, pensent comme lui et osent dire et écrire les mêmes propos, en portant contre eux la même condamnation ... on condamne leur secte entière ... la cabale qu'ils ont montée contre les religieuses doctrines de l'Église, EN VÉNÉRANT DEUX FILS, en divisant ce qui est indivisible ET PORTANT CONTRE LE CIEL ET LA TERRE L'ACCUSATION D'ANTHROPOLATRIE [anthropolatriae]. Car la sainte multitude des esprits d'en haut n'adore avec nous qu'un seul Seigneur Jésus Christ. » [11]

Concile d'Éphèse ; 431 A.D., ca. 5 : « Si quelqu'un ose dire que le Christ est un homme théophore [porteur de Dieu] et non pas plutôt Dieu en vérité en tant que Fils unique et par nature, selon que le Verbe s'est fait chair et a pris part de la même façon que nous au sang et à la chair, qu'il soit anathème. » [12]

Jésus n'est pas deux personnes différentes. Il est UNE SEULE PERSONNE DIVINE avec deux natures. Par conséquent, ce qui arrive à Sa nature humaine, arrive vraiment à Sa personne unique. C'est de Marie que Sa personne a été conçue et est née dans son humanité. Elle est donc véritablement Sa mère, et la mère de Dieu.

La signification contenue dans cette vérité est stupéfiante. Comme l'Église l'a toujours enseigné, le Fils de Dieu, éternel et égal au Père, a eu deux naissances : Il est né avant le temps, de toute éternité, de Dieu le Père (Jean 16:28; Jean 8:42). Il est né dans le temps, en tant qu'homme, par Marie, Sa mère.

Seule Marie possède ce lien impénétrable avec Dieu ; avec une Personne de la Trinité. C'est de par cette vérité, qu'elle est véritablement Mère de Dieu, que découlent toutes ses autres prérogatives et privilèges uniques.

CONCLUSION SUR L'ENSEIGNEMENT BIBLIQUE DE MARIE

Voilà les raisons bibliques qui expliquent pourquoi la tradition catholique a toujours reconnu l'importance et la nécessité de la dévotion à la Sainte Vierge Marie. Elle est la nouvelle Ève, la nouvelle Arche, le Vaisseau pur, la Porte scellée, et la Mère de Dieu. A mon sens, refuser de lui être dévoué est équivalent à un homme dans l'Ancien Testament qui refusait de vénérer l'Arche d'Alliance ou refusait de marcher derrière elle lors d’une bataille. Un tel homme tombait en proie aux ennemis de Dieu et était séparé du camp du peuple de Dieu.

1 Samuel 4 :22 - « ... La gloire est bannie d'Israël, car l'arche de Dieu est prise ! »

Et surtout comme l’on peut lire dans l’Evangile de St jean ; Marie nous a été donnée pour Mère à travers de l’Apôtre qu’aimait Jésus, c’est-à-dire Jean Lui-même qui nous représentait toutes et tous.

Bibliographie

Étude biblique / Livres catholiques

1 Corinthiens / 1 Pierre / 1 Rois / 1 Samuel / 1 Timothée / 2 Chroniques / 2 Corinthiens / 2 Samuel / 3 Rois / Actes des Apôtres / Ancien Testament / Apocalypse / Concile Constantinople II / Concile d'Éphèse / Concile Latran I / Deutéronome / Éphésiens / Exode / Ézéchiel / Genèse / Hébreux / Isaïe / Jean / Josué / Luc / Marc / Matthieu / Nombres / Nouveau Testament / Pape Pie IX / Pape St. Martin Ier / Pape Vigile / Protestants / Psaumes / Romains / St. Irénée

Notes :

[1] Internet, St. Irénée, Contre les hérésies, L. 3, Pt. 2, 3, Libr. Bloud & Cie, Paris, 1905, num. Marc Szwajcer, § 5, 6.

http://remacle.org/bloodwolf/Église/irenee/heresies3.htm#VII

[2] Peter Hünermann, Heinrich Denzinger, *Enchiridion Symbolorum*, Symboles et définitions de la Foi catholique, 38e éd., Éd. française, Editions du Cerf, Paris, 2010, n° 2803.

[3] Gerry Matatics, *Biblical Foundations International*, Dunmore, PA.

[4] N.d.T.: Le Segond 21 utilise « heureuse. » Puisque presque toutes les autres bibles protestantes emploient « bienheureuse, » traduction beaucoup plus précise du mot original en grec *makarizo*, signifant « qui est annoncé béni/bienheureuse, » j'ai choisi « bienheureuse. »

[5] http://wesley.nnu.edu/biblical_studies/tyndale/

[6] Robertson, *Word Pictures of the New Testament*, Luc 1:28.

[7] Cit. William Most, *Brothers and Sisters of Jesus*.

[8] Biblical Foundations International

[9] G. Alberigo, *Les Conciles Œcuméniques*, Les Décrets, Éd. française, Éditions du Cerf, Paris, 1994, T. II-1 (de Nicée à Latran V), p. 259.

[10] Denzinger, Éd. du Cerf, n° 503.

[11] *Les Conciles Œcuméniques, Les Décrets*, T. II-1, p. 247.

[12] *Les Conciles Œcuméniques, Les Décrets*, T. II-1, pp. 143, 145.

Printed by Books on Demand GmbH, Norderstedt / Germany